Fröhlich im Alltag
mit
Heinz Siebeneicher

Sprüche, Pointen, Gags,
Bonmots und Nachdenkliches aus
30 Jahren Radioansagen

Die Deutsche Bibliothek – CIP-Einheitsaufnahme

Siebeneicher, Heinz
Fröhlich im Alltag mit Heinz Siebeneicher: Sprüche, Pointen, Gags, Bonmots und Nachdenkliches aus 30 Jahren Radioansagen – Baden-Baden: Rendezvous Verlag, 1996
ISBN 3-9805477-0-1

Lektorat: Manfred Söhner, Rendezvous Verlag, Baden-Baden
Umschlagphoto: Südwestfunk Baden-Baden
Druck: Koelblin Druck, Baden-Baden

ISBN 3-9805477-0-1

Fröhlich im Alltag
mit
Heinz Siebeneicher

Sprüche, Pointen, Gags,
Bonmots und Nachdenkliches aus
30 Jahren Radioansagen

Rendezvous Verlag

Inhalt

Zur Sache 7
... und zur Person 10
Ein Dankeschön 12

Aphorismen 15

Arbeit adelt 17
Allerhand 21
Gut abgeschmeckt 31

Die Freuden der Ehe 37
Im Schoß der Familie 43
Nach uns der Nachwuchs 45
Halt! Der Haushalt 49

Warum denn in die Ferne sehen? 51

Die Frau, dein unbekanntes Wesen 53
Wenn aus Freundschaft Liebe wird 57

Geld, Gut und andere materielle Schätze 67

Zwischen Kunst und Kultur 71
Die Kunst des Lebens 73

Die Jahreszeiten 75
- Alles sprießt 75
- Heiße Tage 80
- Wenn die Blätter fallen 82
- Kurze kalte Tage 83
- Die fünfte Jahreszeit 87

Mensch sein und Menschsein lassen 89

Stillgestanden! 93
Musik liegt nicht nur in der Luft 95
Natürliches 99
Politisches - mal ehrlich 103
Rundfunk und Rundfunkmacher 105
Schwaben und andere Landsleute 111
Das Wort zum Sport 115

Tierisches - da lachen nicht nur die Hühner 117

Die vielleicht schönsten Wochen 123
Weisheit, die mit dem Alter kommt 125

Alle Wetter 131
Wohlbefinden, Gesundheit und Krankheit 135

Zu guter Letzt 137

Aus dem Tagebuch des Heinz S. 143

Die „7-Eiche" von Prof. Dr. Saalfeld, Mainz

Zur Sache

Endlich ist der Alltag fröhlich!

Zu Goethes Zeiten war er noch ziemlich sauer, und das wochenlang, wie jeder bei ihm nachlesen kann.
Zum Glück hatte sich später der Rundfunk eingeschaltet und ermöglicht, was sich unsere willigen und fleißigen Vorfahren hätten niemals träumen lassen, daß nämlich zur Pflicht auch die Freude gehört. Nicht nur festtags hin und wieder, alltags auch!

So ist seit mehr als 40 Jahren der „Fröhliche Alltag" aus Millionen von Lautsprechern zum sorgenbrechenden Standard-Repertoire des Rundfunks geworden. Als das Fernsehen später dann um die Einschaltquoten kämpfen und sie zur zweiten Himmelsmacht erküren mußte, brauchte niemand lange mehr zu warten bis der „Fröhliche Alltag" auch dort zur erfolgreichen Abendunterhaltung avancieren konnte.

Und nun als Buch, das Sie in Händen halten.

Aber bitte, erwarten Sie hier kein musikalisches Unterhaltungsprogramm im Jubel-Jodel-, Polka-, Fox- und Walzerschritt. Erwarten Sie bitte auch keinen sanften Stimmensound, der die Fensterscheiben und Porzellangeschirre mitschwingen läßt.
Das ginge schon rein technisch nicht.

Nein, erwarten Sie ganz einfach ein paar Sprüche und Pointen aus gesammelten Bergen von Manuskripten einer 30 Jahre langen Ansager-Geschichte, Verzeihung: Moderatoren-Geschichte. Die gibt bereitwillig darüber Auskunft, was man damals noch und heute nicht mehr öffentlich sagen sollte. Die Tabu-Grenzen haben sich in alle Richtungen verschoben. Es bleibt aber Ihnen überlassen, sie zu respektieren oder mit zu überschreiten.

Früher war es Mannesstolz und -pflicht, den Thron zurechtzurücken, auf dem es sich der Herr bequem zu machen dachte. Heute ist der Herr schnell ein „Chauvi" schlimmster Sorte, der den Geist der Zeit nicht mehr zu kennen scheint, wenn er den nächstbesten Stuhl nicht unverzüglich schnell und prompt unter den weiblichen Anspruch schiebt. Glücklicherweise sind die heutigen Gedanken und die von damals nicht als solche auf den Seiten, die jetzt folgen, ausgewiesen.

Der Leser wird schon selbst entscheiden, wann er lacht oder lächelt oder seine Nase rümpft und weiterblättert. Vielleicht streicht er auch etwas an, das ihm besonders gut gefällt oder durch, wenn es nicht gefällt.

Er bedenke nur dabei, daß es stets zu irgendeines Lasten gehen muß, wenn überhaupt noch Platz sein soll zum Lächeln. Die Lastenverteilung sei aber gerecht und ausgewogen, wie es uns jede öffentlich-rechtliche Anstalt heute noch vorzumachen pflegt.

Ich wünsche gute Unterhaltung, und daß Sie Muße haben, sich am nächsten Montag vor dem Radio oder Fernseher wieder fröhlich einzufinden.

Karikatur von Gene Bene

Zur Person

Seit mehr als drei Jahrzehnten bin ich beim Rundfunk. Mit Nachrichtenlesen hat es begonnen. Damals war Adenauer noch Bundeskanzler und Soraya eine wichtige Persönlichkeit des öffentlichen Lebens. Onassis war Geldmann und Anita Ekberg Sex-Symbol.

Es hat sich seither viel geändert.

Der Osten wurde Westen, Gunter Sachs hat sich zur Ruhe gesetzt, Menschen haben den Mond betreten und ich wechselte zum Ansager und Conferencier bei Radio und Fernsehen.

Mein Grundsatz war immer, so vor Kamera und Mikrofon zu sprechen, wie ich selbst gern angesprochen werden wollte. Vor allem ohne Blatt Papier vor der Nase, möglichst frei und ungezwungen. Es heißt ja auch: Am Anfang war das Wort, das gilt. Wo es aber an Manuskripten fehlt, hat der Buchdrucker seine Arbeit verloren.

Was nun?

Ehrlich gesagt, ein paar Notizen waren schon da. Auf Aktendeckeln und Servietten gekritzelt, auf Papiertaschentüchern und Tank-Quittungen, auf Speisekarten und Einkaufszetteln. Meist landen solche „Unterlagen" im Mülleimer oder als Anzünder im Kamin, wenn - ja wenn - meine Frau Waltraud nicht in weiser Vorausahnung oder auch nur in weiblicher Ordnungsliebe alle Daten heimlich gesammelt hätte.

Letzte Weihnachten rückte sie damit heraus und auch mit dem Vorschlag, die gesammelten Schnipsel zu einem organisierten Ganzen zusammenzufügen. Sie meinte, ein Buch oder so ein Büchlein zu schreiben, das Sie jetzt in Händen halten.

Eine gute Idee. Jedenfalls für alle diejenigen, die mich immer wieder nach einem Satz oder einer Geschichte rückfragten. Früher mußte ich meistens passen: Hab' ich nicht, find' ich nicht, kann mich nicht erinnern. Jetzt schick' ich einfach dieses Buch für den Gegenwert von vier Zigarettenschachteln.

Mehr als 10 Lungenzüge ist es wert.

Herzlichst
Ihr

Als erstes:
Ein herzliches Dankeschön

Ich danke allen lebenden und toten Frauen und Männern, deren kluge Worte ich im Laufe der drei Jahrzehnte bewußt oder unbewußt benutzt habe, um meine Aufgabe zu erfüllen.

Und diese Pflicht macht mir nach wie vor große Freude: Den Hörerinnen und Hörern die Zeit zwischen den einzelnen Musiktiteln auf möglichst angenehme und erfrischende Weise zu vertreiben.

Deshalb gilt mein herzlicher Dank all' denen, deren Geistesblitze mich angeregt haben, insbesondere

Onkel Willi
Professor Saalfeld
meinen Eltern
Manfred Söhner
Goethe
Benno Schurr jr.
Heinz Rühmann
meiner Frau
Kaiser Wilhelm II.
Fred van Geez

... und vielen anderen.

Gewidmet
allen Hörerinnen und Hörern

Wer viel liest, weiß viel.
Wer viel weiß, vergißt viel.
Wer viel vergißt, weiß wenig.
Und wer wenig weiß, muß viel lesen...

Aphorismen

Demokratie ist der Kompromiß zwischen richtig und falsch.

Allgemeinbildung ist zu wissen, was man nicht unbedingt zu wissen braucht.

Schauspieler, Politiker, Lehrer und Pfarrer agieren von oben nach unten. Sie wissen nicht alles besser, aber sie wissen besser, alles Glauben zu machen.

Wer mit der Vernunft verheiratet ist, hält sich gern ein Vorurteil als Freundin.

Arbeit adelt...

Heute wird der Brief mit der Marke frankiert und tagtäglich ist ein Beamter da, der die vielen Briefe stempelt. Tausende pro Woche. Das ist kein langweiliger Beruf - oh nein. Man stelle sich vor - jeden Tag ein anderes Datum, und jeder Brief hat eine andere Adresse, der lebt unter den Fingern des Postmeisters. Und wer jetzt sagt, Briefe werden doch maschinell gestempelt - der hat ein ganzes Stück Romantik verloren.

Mein Chef hat mir grade Feuer gegeben - das Wasser kann er mir sowieso nicht reichen.

Die Beamten sind die Träger des Staates. Die übertreffen sich gegenseitig: Einer träger als der andere.

Nehmen Sie nur an:
Mal sind die Gewerkschaften oben und erfolgreich, mal sind die Unternehmen oben und erfolgreich. Das wechselt, aber fest steht in jedem Fall, wer immer zwischen ihnen liegt.

Ich kannte einen Chef, der steckte immer den spitzen Bleistift hinters Ohr. Und jedesmal beim Gutenmorgensagen bekam seine hübsche Sekretärin eine Schramme an die Wange.

Gratulation zur Beförderung vom Amtmann zum Oberamtmann. Oder vom Hauptmann zum Major. Oder vom Kellner zum Ober. Nur Vorsicht beim Aufstieg. Seid freundlich zu den Überholten, man begegnet ihnen beim Abstieg wieder.

Arbeit adelt. Aber wer ist schon für die Monarchie? Wenigstens versüßt uns die Arbeit das Leben - aber Karies will auch keiner freiwillig haben.

Das ist eben die Tragödie: Wenn man arbeitet, hat man leider keine Zeit, Geld zu verdienen.

Mein Chef hat immer gesagt: „Sie werden hier bezahlt für das, was Sie nicht sagen."
Da können Sie mal sehen, wie schlecht ich hier bezahlt werde. Nur wer schweigt wird reich. Das ist im Leben so wie beim Radio. Und das mir als Talk-oholic!

Heiraten Sie keine hübsche Sekretärin, Sie werden sonst danach nie wieder eine hübsche Sekretärin haben.

Ich hab' eine Gehaltserhöhung bekommen. Nicht viel, ein bißchen. Sag' ich das meiner Frau nicht, dann hält die mich für einen Trottel. Sag ich's ihr, dann bin ich einer.

Stell dir vor, du stellst dich vor und keiner stellt dich ein.

Vor drei Tagen hab ich meinem Onkel geschrieben, und jetzt find ich den Brief in meiner Manteltasche – es ist schon eine Schlamperei bei der Post.

Freiheit ist nicht, die Beine auf den Schreibtisch zu legen. Oder 'mal mit der Faust auf den zu Tisch hauen - nehmen Sie sich lieber die Freiheit nachzuschauen, ob nicht irgend-jemand Reißnägel auf den Tisch gestreut hat...

Viele Männer verdanken ihren Erfolg einer Frau, die sie daran hindert, das zu tun, was sie wirklich wollen.

Wie reagieren Sie, wenn der Chef Witze macht?
Lautes Lachen hält er für plumpe Vertraulichkeit, Lächeln für Arroganz, Ernstbleiben für Dummheit!
Also richten Sie sich danach.

Der „Weg nach oben" erfordert gebückte Haltung.

Wenn alle Tage Sonntag wäre, hätten wir Berufsverbot bei vollem Lohnausgleich.

Das ist eine kleine Geschichte über vier Kollegen namens Jeder, Jemand, Irgendjemand und Niemand. Es sollte in der Firma eine wichtige Arbeit erledigt werden. Und Jeder war sicher, daß sich Jemand darum kümmern werde. Irgendjemand hätte es tun können, aber Niemand tat es. Jemand wurde wütend, weil es Jeders Arbeit war. Jeder aber dachte, Irgendjemand könnte es machen, aber Niemand wußte, daß Jeder es nicht tun würde. Schließlich beschuldigte Jeder Jemand, weil Niemand tat, was Irgendjemand hätte tun können.

Allerhand

Musik, Lachen und Lächeln sind die Tore, durch die nur Gutes in den Menschen hineinhuschen kann.

Die Weisheit läuft dem Menschen nach, doch der Mensch ist schneller.

Sorgen hat jeder im Leben, es kommt darauf an, wie er damit fertig wird. Das Gute ist stets das Böse, das man läßt.

Der Papst ist ein freundlicher Mensch. Aber seine Frau ist unausstehlich.

Die Sache mit dem Frieden ist relativ. Pazifisten sind Menschen, die dem Krieg den Krieg erklärt haben.

Beim Radio haben sie Wünsche nach Titeln, die es gar nicht gibt. Und dann haben sie wieder Titel, die werden nie gewünscht. Das ist so wie in der Medizin: Es gibt Arzneimittel, dazu haben sie noch nicht mal die Krankheit.

Wenn ein dicker Mann einen Anzug kaufen will, muß der Verkäufer das Weite suchen.

Neuerdings werden sogar Waschmaschinen im Sonderangebot zum Schleuderpreis verkauft.

Sonderangebot an Kühlschränken. Stück DM 30,–, solange der Vorrat reicht. Kleiner Produktionsfehler: Die Türen gehen nach innen auf.

In Amerika gibt es eine Bar mit einer Stereoanlage, über die Bürogeräusche mit Schreibmaschinengeklapper immer dann gespielt werden, wenn gerade wieder ein Zecher seiner Frau per Telefon klarmachen will, daß Überstunden nötig sind.

Ich suche Küchenschaben, Wanzen, Flöhe, Läuse und ein Rattenpärchen, da ich verpflichtet bin, meine Wohnung in dem Zustand an den Vermieter zurückzugeben, in dem ich sie übernommen hatte.

Ein Junge fängt mit dem Rauchen an, um zu zeigen, daß er ein Mann ist, ein ganzer Kerl. Aus dem gleichen Grund versucht er dann 20 Jahre später, es wieder aufzugeben.

Musik beruhigt, längsgestreift macht schlank, und eine Streifentapete soll das Zimmer höher machen. Doch der Schrank geht trotzdem nicht 'rein.

Der Papst raucht eine neue Zigarettenmarke: Lourdes Extra.

Und trinken Sie nicht zu viel Kaffee, denn das kann Folgen haben. Wenn man Kaffee trinkt, kann man nicht schlafen. Bei mir ist es umgekehrt: Wenn ich schlafe, kann ich keinen Kaffee trinken.

Ein Kuckuck mit Durchfall heißt Kackack.

Jetzt zu einem Mann, der früher Vertreter war. Er hat einer Frau eine Kuckucksuhr verkauft und gleich einen halben Zentner Vogelfutter dazu.

Manche Menschen haben viel zu kurze Beine für das hohe Pferd, auf dem sie sitzen.

Ein Schlüsselbund ist eine Einrichtung, mehrere Schlüssel gleichzeitig zu verlieren.

Mein Friseur hat zugemacht.
Jetzt habe ich einen neuen, aber schauen Sie meine Frisur an: Der hat auf Selbstbedienung umgestellt.

Wer nichts weiß, und weiß, daß er nichts weiß, weiß viel mehr, als der, der nichts weiß und nicht weiß, daß er nichts weiß.
Jetzt wissen Sie Bescheid.

Kleider sind wie Wasser. Nicht so durchsichtig, aber oft so geschmacklos.

•••

Risiko ist, am Abgrund zu stehen und sich dennoch einen großen Schritt nach vorn zu wagen.

•••

Ein Wunder kann Berge versetzen und Millionäre an den Bettelstab bringen.

•••

Mich rief ein Hörer an, der seinen Wagen schrottreif gefahren hat. Wenn ich Ihnen widergeben sollte, was er beim Weglassen aller Flüche gesagt hat, dann hat er gar nichts gesagt.

•••

Tränen sind das größte Wasserkraftwerk der Welt. Eine Frau sollte immer ein paar Tränen in Reserve haben. Für den Ernstfall.

•••

Gemütlichkeit ist ein Mittelweg: Ein bißchen mehr als bequem und ein bißchen weniger als dolce farniente - das süße Nichtstun.

•••

Was ist das Gegenteil von Aufseher? Zuhörer.

Sie sind reif für den Psychiater, wenn Sie morgens beim Frühstück das Ei küssen und Ihrer Frau mit dem Löffel auf den Kopf schlagen.

Skandal im Käseladen: Bedienung hatte keinen Roquefort.

Seit sie Öl ins Wasser gießen, läuft der Untergang wie geschmiert.

Lieber gut geschminkt, als vom Leben gezeichnet.

Ein Satz mit Volt und Watt und Ohm: Macht ihr da ohm, doch watt ihr volt.

Der Leibarzt von Julius Cäsar hat schon gesagt: Hüte dich vor einem guten Koch und einer jungen Frau - aber statt dessen streben wir alle danach.

Damals im kalten ostpreußischen Winter hat Napoleon den Mantelkragen hochgeschlagen und fröstelnd zur Königin Luise gesagt: „Sieben Monate Regen, fünf Monate Schnee und das nennt die Saubande Vaterland."

Spruch am Heckfenster: Nur Fliegen sind schöner.

Der beste Spruch am Heckfenster: Gute alte Zeit, als das Autofahren noch teurer war, als das Parken.

Noch besser: Ich nix versteh'n, bin Deutscher.

Hier ist es überall staubig. Weil sich meine Putzfrau einen Dreck um den Staub kümmert...

Wer den Himmel auf Erden will, der muß erst den Boden unter den Füßen verlieren.

Wer sich 60 Sekunden ärgert, verliert eine Minute Fröhlichkeit im Leben.

Ehrenjungfrauen? Nun nehmen Sie´s nur nicht so genau: Eine Ehrenjungfrau ist sowas ähnliches wie ein Ehrendoktor. Also kein richtiger Doktor.

Über meine Lippen kommt keine Lüge. Ich spreche durch die Nase.

Bei Privatbriefen verwende man bitte keine Ausrufezeichen. So laut darf man sich nicht anschreiben.

Glück ist das einzige, was wir schenken können, ohne es zu besitzen.

Wer keine Mäuse hat, braucht auch die Katze nicht aus dem Sack zu lassen.

Viele Menschen freuen sich schon auf den Weltuntergang, nur um Recht zu behalten.

Reklame muß sein. Wer ein Geschäft hat und keine Werbung macht, der ist mit dem jungen Mann zu vergleichen, der im Dunkeln einem Mädchen zublinzelt.

Manchmal Glück und manchmal Pech: Ein Freund hatte Pech. Er hat Silvester Blei gegossen, und zufällig sind alles Fünfmarkstücke geworden.

Eingesperrt

So wie die Rinder auf der Weide
Im Viereck des Elektrozauns
Wiederkäuend ihre grünen Speisen mahlen
Und die Welt dahinter paradiesisch finden,

So möchte ich aus meinem Rahmen der Gesetze
Hinaus und andere Gesichter seh'n.
Man läßt sich allzugerne binden
Und findet nur das unerreichbar Ferne schön.

Doch wagte ich den einen Schritt daneben
Und überwände den Elektrozaun,
Ich könnte dann im weiteren Leben
Den Schlag davon nicht mehr verdau'n.

Gut abgeschmeckt

Lieber Rum trinken als rumsitzen.

Was in der Schlagerbranche die Nostalgie, das ist in der Gastronomie der Hackbraten. Alles zu gleichen Teilen: Ein Pfund Fleisch - ein Brot.

Mit der Werbeformel „Hier essen Sie wie zu Hause” hat sich mancher Wirt schon die Gäste vertrieben: Versalzen und angebrannt, eben wie zu Hause.

Bier, mäßig genossen, schadet selbst in großen Mengen nicht.

Ein Wirt schrieb an die Tür: „Hier wird mit Liebe gekocht” und der Wirt gegenüber antwortete mit dem Spruch: „Hier wird mit Vorliebe gegessen.”

Mein Frühstücksei, das hat sich heute vielleicht in Schale geschmissen...

Von der Wiege bis zur Bahre sind die schönsten Lebensjahre.

Schokolade ist 2 Minuten auf der Zunge, 2 Stunden im Magen und 2 Jahre auf den Hüften.

Meine Diät-Empfehlung: Vorspeise weglassen und statt des Hauptgerichts kein Dessert nehmen.
Oder: Klares Wasser in eine rote Tasse geben und den Inhalt als Tomatensuppe mit Stäbchen genießen...

Es gibt fanatische Vegetarier, wenn die morgens ihr Frühstück auspacken, werden die Spatzen am Fenster neidisch.

Immer mehr Menschen machen sich immer weniger Gedanken um's Essen - und wie es verdient werden soll. Aber die Zeit wird kommen, wo der Sommer uns fragt: Was werdet Ihr im Winter essen?

Was ist ein ausgewogenes Frühstück? Für meinen Sohn ein Stück Kuchen in jeder Hand und mit vollem Mund nach mehr schreien.

Beim Kaffeetrinken spüre ich immer ein Stechen im Auge. Mein Arzt rät: „Nehmen Sie doch vorher den Löffel aus der Tasse!"

Wasser ist nicht zum Trinken da, sonst hätte der liebe Gott nicht soviel davon versalzen.

Ob einer ein Mensch ist, erkennt man erst, wenn man ihn essen gesehen und trinken gehört hat.

Wer gut trinkt und gut ißt, der kann schwere Arbeit leicht entbehren.

Waren Sie auch schon mal in so einem Gourmet-Tempel? Gepfefferte Rechnungen, gesalzene Preise, saure Mienen, abgebrühte Sprüche und gedämpfter Beifall.

Sollten Sie Ihre Frau oder Ihre Freundin heute zum Essen einladen und nicht so viel Geld ausgeben wollen, dann fragen Sie doch: „Was darf ich Dir bestellen, mein Dickerchen?"

Two beers or not two beers, that is the question.

Wir essen à la carte: Wer die höchste Karte zieht, ißt.

Wer hat es besser: Kaffee oder Tee? Der Kaffee.
Er darf sich setzen, der Tee muß immer ziehen.

Mein Freund, der das Trinken nicht lassen kann, hat jetzt seiner Frau versprochen, kein Glas mehr an seinen Mund zu lassen. Jetzt trinkt er mit Strohhalm.

Es ist nützlich, eine Frau zu Hause zu haben, die gut kochen kann und die Speisenfolge zelebriert, da wird der Mensch rund. Ich genieße das: Wer rund ist, kann nicht anecken.

Wenn herauskommt, was in die Wurst 'reinkommt, kommt der Metzger da hinein, wo er nie mehr 'rauskommt."

Wenn Sie das Trinken doch nicht lassen können, würde eine eigene Bar in Ihrer Wohnung alles viel bequemer machen. Wenn Sie dann noch Ihr eigener Gast sind, brauchen Sie noch nicht einmal eine Konzession.
Ihr Grundkapital beträgt 900,– DM. Diese 900,– DM geben Sie Ihrer Frau, die dafür eine Kiste mit 12 Flaschen Weinbrand kauft. Eine Flasche Weinbrand ergibt 30 Glas. Sie bezahlen pro Glas 6,– DM bei Ihrer Frau. Wenn nach 12 Tagen die Kiste leer ist, kann Ihre Frau 1.260,– DM auf die Bank tragen und für die restlichen 900,– DM eine neue Kiste kaufen.
Wenn Sie auf diese Weise noch 10 Jahre leben, Ihren Weinbrand ausschließlich bei Ihrer Frau trinken und dann tot umfallen, hat Ihre Witwe ein Bankkonto von ca. 380.000,– DM (ohne Zinsen), also genug, die Kinder großzuziehen, die Raten abzuzahlen und einen anständigen Mann zu heiraten, bei dem sie vergißt, daß sie je einen Säufer wie Sie gekannt hat.

Die Freuden der Ehe

Die Flitterwochen sind vorüber, wenn der Mann nicht mehr beim Abwaschen hilft, sondern es alleine tut.

Unsere größte Sorge sind die Frauen. Und zum Heiraten gehören immer zwei. Ein Mädchen und ihre Mutter.

Silberhochzeit ist 25 Jahre Treue.
Und wenn Ihr Euch dann noch liebt wie am ersten Tag, dann ist es ein Wunder, oder es ist nicht wahr.

Ehefrauen sind wie Klavierstimmer: Sie wollen die Harmonie wiederherstellen, indem sie die Spannung erhöhen.

Blecherne Hochzeit ist 15 Jahre Essen aus Konservendosen. Das kommt daher: Wenn ein Mann seiner Frau aus der Hand frißt, dann ißt er auch sehr bald Konserven mit der Miene des Zufriedenen.

Wer jemanden aus seiner Hand fressen läßt, sollte hin und wieder seine Finger nachzählen.

Was macht die Ehefrau morgens nach dem Baden mit ihrem Waschlappen?
Sie macht ihm das Frühstück und schickt ihn zur Arbeit.

Die Ehe ist wie eine Oase – nur Kamele suchen sie.

Musik ist eine Art Versöhnung. Ich habe meinem Freund gesagt: „Schön, daß Du Dich wieder mit Deiner Frau versöhnt hast". „Wieso" fragt der. „Na", sage ich, „ich habe Euch doch gestern gemeinsam Holzhacken sehen." „Nee, das ist ein Irrtum," sagt er, „wir haben nur die Möbel aufgeteilt."

Der Streit

Ein Ehepaar lebte in ständigem Streit.
Den Anwalt mußten sie befragen und waren sich restlos leid.
Sie wollte zurück zu ihrer Mutter.
Doch als der Abend kam und sie sich in den Armen lagen, da war schon wieder alles in Butter.

Die Frau ist die Oase in der Wüste des Mannes – und der Mann ist das Kamel in der Wüste der Frau.

Es ist ein Jammer, daß die Spanne so kurz ist zwischen der Zeit, in der man zu jung und jener, in der man zu alt ist.

Weil der Mensch des ewigen Alleinseins müde war, heiratete man früher. Heute lassen sich viele aus dem gleichen Grunde scheiden.

Als Ehemann fühlt man sich immer jünger. Man wird wieder in die Jungen- und Kinderjahre zurückgeführt. Sie werden sich dabei ertappen, wieder heimlich zu rauchen und beim heimlichen Treffen mit der Freundin Herzklopfen zu haben.

Streiten mit der Ehefrau hat auch gute Seiten. Am Ende gewinnen dann doch der Kürschner oder der Juwelier.

Ein Hörer hat gefragt, was er denn seiner Frau zum Geburtstag schenken solle. „Schenken Sie ihr einen Nerz, sie wird sich immer bemühen reinzupassen."

Letzter Urteilspruch eines Scheidungsrichters: Die Frau bekommt das Haus, die gesamte Einrichtung, den Wagen und den Schmuck. Der Mann bekommt die Rothaarige.

Die Sage von der polygamen Veranlagung in uns Menschen kann nur den Scheidungsanwälten recht sein.

Die Ehe ist ein Versuch, zu zweit mit den Problemen fertig zu werden, die man alleine nicht gehabt hätte.

Mit der Ehe ist das so eine Sache: Erst kommt die Leidenschaft, von der man zu Anfang gar nicht weiß, wie lange sie halten wird. Dann kommt die Liebe, von der alle annehmen, daß sie ewig hält. Und wenn man sie hegt, pflegt, umsorgt und immer wieder auffrischt, dann - ja dann hält sie auch, was man sich von ihr versprochen hat.

Im Jawort steckt mehr, als nur die Offenbarung der Liebe. Hinterher haben wir Männer nur die Wahl, Schurken oder Trottel zu werden.

Ich habe kürzlich ein aktuelles Buch gekauft: „Die Freuden und Leiden der Ehe". 762 Seiten stark. Der erste Teil behandelt die Freuden, der zweite Teil beginnt auf Seite 6.

Geben ist seliger als Nehmen. Die Ehe besteht auch nur aus Geben und Nehmen. Wenn ich meiner Frau kein Geld gebe, dann nimmt sie es sich einfach.

Selbst nach 20 Jahren Ehe haben sich die Gefühle meiner Frau zu mir noch nicht geändert. Sie kann mich immer noch nicht ausstehen.

Ich widerspreche meiner Frau nie. Das tut sie von ganz allein.

Das Nettogewicht eines jungen Ehemanns ergibt sich nach Abzug der Brieftasche. Das Nettogewicht der Ehefrau nach Abzug der Kosmetika.

Was ist Ehebruch? Unerlaubter Bettbewerb.

Im Schoß der Familie

In der Kürze liegt die Würze. Mein Vater hat das so gemacht: Kommt nach Hause, fragt, „was gibt's zu essen, wie geht's den Kindern?". Antwort der Mutter: „Erbsen und Masern."

Wenn Ihnen einer sagt: Nun bist Du so alt geworden und hast nichts für die Unsterblichkeit getan – zeigen Sie ihm ihre Kinder.

In unserer Familie kommandierte meine Mutter die Kinder, die Kinder kommandierten meinen Vater, mein Vater kommandierte mich und ich kommandierte die Blumen.

Brief eines Hörers:

Lieber Herr Siebeneicher,
ich habe eine Witwe geheiratet mit einer zwanzigjährigen Tochter. Die hat dann meinen Vater geheiratet. Mein Vater wurde also mein Schwiegersohn, meine Stieftochter meine Mutter.
Als meine Frau den Jungen kriegte, war der der Schwager

meines Vaters und gleichzeitig mein Onkel (als Bruder meiner Stiefmutter) Nun hat meine Stiefmutter, die ja zugleich meine Stieftochter ist, vorgestern ebenfalls einen Jungen bekommen, und der ist nun also sowohl mein Bruder, als auch mein Enkel.

Ich selbst aber bin der Mann meiner Frau und ihr Enkel (als Sohn ihres Schwiegersohnes). Meine Frau ist meine Großmutter (als Mutter meiner Stiefmutter). Und da der Mann meiner Großmutter mein Großvater ist, bin ich nun mein eigener Großvater.

Können Sie mir helfen?

Nach uns der Nachwuchs

Eine Hörerin hat mir geklagt, ihr Sohn verweigere jeden Morgen beim Frühstück den Kaviar zum Ei. Vielleicht denkt der 'mal dran, daß auch solche Zeiten kommen können, in denen man ihm das Kaviaressen schon noch beibringen wird. Es kann aber auch anders kommen - da werden sie uns die Brombeer-Marmelade als Kaviar verkaufen.

Für Leute mit halbwüchsigen Kindern: Wenn Ihr Telefon ständig blockiert ist, schicken Sie ein Telegramm nach Hause.

Die Jugend von heute, so klein und schon pleite.
Dabei sollte sie lieber für meine Rente arbeiten.

Und eines Tages sind die Töchter aus dem Haus. Das mag ja schlimm sein, Vater und Mutter sind allein, aber sie gewinnen - nein, nicht einen Sohn, sondern das Badezimmer.

Ein Backfisch ist ein Mädchen, das nicht mehr mit den Fingern rechnet und noch nicht mit anderen Körperteilen. Und wenn er rechnet, dann mit Vaters Geld.

Und wann sind die Kinder groß? Wenn die Jungen bemerken, daß die Mädchen bemerken, daß die Jungen sie bemerken.

Ein Junge hat mir eine Kuh mit fünf Beinen gemalt. Er sagt, das sei doch normal, schließlich habe auch jedes Auto ein Reserverad.

Ein kleiner Junge fragt mich, wo denn eigentlich die Kinder herkämen. Ich sage: „Oh das ist eine sehr lange Geschichte." „Dann erzähl' mir doch wenigstens mal den Anfang."

Ein Kind sagt zu seiner Mutter: „Wenn wir alle Rinder wären, dann wäre die Mutter die Kuh, das Kind das Kälbchen und der Vater der Stier." „Nein", sagt die Mutter, „der Vater wäre der Ochs', der Stier wohnt zwei Häuser weiter."

Der Herbergsvater hat für internationale Gäste eine Hausordnung anbringen lassen:
„An die Amerikaner: Bitte vor zwei Uhr nachts heimkommen. An die Deutschen: Nicht vor sechs Uhr früh aufstehen! An die Italiener: Nicht abends nach zehn Uhr singen oder diskutieren. Und an die Schweden: Den anderen nicht sagen, daß sie Mädchen mit auf's Zimmer genommen haben."

Halt! Der Haushalt

Hauptproblem des Haushalts ist es, Nettoeinkommen und Bruttoeinkommen in Einklang zu bringen.

Was ist Haushalt? Man putzt und spült und macht die Betten - und nach vier Wochen fängt man wieder von vorne an.

Als ich letztens ein Spanferkel mit nach Hause brachte, da sagte meine Frau: „das sieht Dir ähnlich”...
Und meinte meinen Familiensinn.

Ich möchte den Damen einen Rat geben, wie sie das NUR vor der Hausfrau loswerden können, wie sie endlich anerkannt und bewundert werden: Legen Sie sich einen Tag ins Bett und überlassen Sie Haushalt und Kinder einmal Ihrem Mann...
Jeden Tag wird er Rosen bringen.

Kurz nach dem Frühstück: „Liebling, wenn das eben Kaffee war, will ich ab morgen Tee. Wenn das eben Tee war, bleibe ich bei Kaffee."

Warum denn in die Ferne sehen?

Gibt's Konkurrenz zwischen Tageszeitung und Fernsehen? Ja. Die Zeitung wird aber immer gewinnen, denn mit dem Fernseher kann man keine Fliegen totschlagen.

Für viele Leute liegt die bevorzugte Fernsehzeit nicht zwischen 20 und 22 Uhr, sondern zwischen dem ersten und dem letzten Lebensjahr - doch wir hören Radio.

Drehbücher werden oft von Menschen geschrieben, die nicht lesen können. Könnten sie lesen, würden sie aufhören Drehbücher zu schreiben.

Wir verdanken doch alle dem Fernsehen das merkwürdige Phänomen, daß jeden Abend unzählige Menschen aufwachen, bevor sie ins Bett gehen.

Warum schlafen am Abend die Füße zuerst ein? Weil sie dem Fernsehgerät am nächsten sind.

Der Fernseher ist das intelligenteste aller Haushaltsgeräte. Statt Hemden wäscht es Gehirne.

Fernsehen für alle und rund um die Uhr ist ein probates Mittel gegen die Bevölkerungsexplosion.

Fernsehen ist eine Dauerwurst, die immer frisch aussehen soll.

Wie schön war es doch, als wir noch ins Theater gehen konnten ohne „Wetten, daß..." zu versäumen...

Schild an einer Bäckerei: Hier bekommen Sie Kuchen wie Mutter ihn backte, als es noch kein Fernsehen gab.

Fernsehen ist wie Radio. Radio ist wie Telegrafie. Telegrafie ist ein ganz langer Hund, der von Baden-Baden bis nach Berlin reicht. Wenn man dem Hund in Baden-Baden in den Schwanz kneift, bellt er in Berlin.
Fernsehen ist genau dasselbe, nur ohne Hund.

Die Frau, dein unbekanntes Wesen

Was eine Frau so will:
Alles. Auf einmal. Für immer - und umsonst.

Im Zeitalter der Gleichberechtigung hat der Mann nichts mehr zu bestellen. Außer seinen Garten im Frühling.

Denken Sie an die Moral: Es gibt sogar schon Frauen, hab ich gelesen, die betrügen ihren Geliebten mit dem Ehemann. Und den Ehemann mit ihrem Beruf.

Wir brauchen die Frauen: Man kann ja nicht für alles und jedes die Regierung verantwortlich machen.

Wer wissen will, wie die Männer sind, muß eine Frau sein, und wer wissen will, wie die Frauen sind, sollte den lieben Gott fragen.

Wenn die Frauen die Hände zur Faust ballen, wer streichelt uns dann?

Früher wurden die Damen rot, wenn sie sich schämten - heute schämen sie sich, wenn sie rot werden.

Leistung

Du kannst dich selbst so sehr bedauern,
Du treibst den Egoismus ziemlich weit,
Du kannst aus Wenigem ein großes Essen zaubern,
aus einem Fetzen Stoff ein süßes Kleid
und aus rein gar nichts einen Riesenstreit.

Es ist reizend und hübsch, schön gekleidete Frauen zu sehen, vorausgesetzt, wir müssen die Eleganz nicht aus eigener Tasche bezahlen.

Frauen können nicht nachgeben, die können nur vorgeben nachzugeben.

Frauen haben keine Freundinnen. Höchstens Komplizinnen.

Früher konnten die Mädchen kochen wie ihre Mutter - heute können sie saufen wie ihr Vater.

Das sind ja schöne Aussichten, wenn die Frauen ihre Ansichten ändern. Sie ändern aber niemals ihre Absichten.

Mit der englischen Sprache geht es mir wie mit den Frauen: Ich liebe sie, aber ich beherrsche sie nicht.

Es gibt Frauen, die sind wie ein Gedicht, und es gibt welche, auf die kann man sich keinen Reim machen.

Dreißig ist ein gutes Alter für eine Frau von vierzig

Frauen schmücken sich mit Vorliebe mit den Federn, die die Männer lassen müssen.

Die Idealfrau sollte groß und schlank sein und intelligent. Sie muß sich benehmen können wie eine englische Lady, reich sein wie Barbara Hutton, muß denken können wie ein Mann und arbeiten wie ein Pferd.

Für eine Frau sind die Idealmaße eines Ehemannes 90, 60 und 42.
90 Jahre alt, 60 Millionen schwer und 42 Grad Fieber.

Auch die schönste Dame ist an den Füßen zu Ende.

Wenn aus Freundschaft Liebe wird...

Erst trafen sich ihre Blicke, dann trafen sich ihre Lippen und später trafen sich ihre Anwälte.

⁂

Es ist besser, drei Frauen voll und ganz zu lieben, als eine nur halb.

⁂

Warum denn eifersüchtig sein! Es ist immer besser, an einem guten Geschäft zu 50 Prozent beteiligt zu sein, als an einem schlechten zu hundert Prozent.

⁂

Damals vor 50 Jahren hab' ich meine erste Freundin mit nach Hause gebracht. Die erste und die zweite und die dritte - doch keine paßte meiner Mutter.
Alle waren zu dumm, zu häßlich, zu affektiert. Bis eine kam, die genauso war wie meine Mutter, aber die gefiel meinem Vater nicht.

⁂

Liebe ist eine Krankheit. Die davon befallen sind gehören sofort ins Bett.

⁂

„Sie sind meine Göttin! Darf ich hoffen, aus dem ‘ö’ ein ‘a’ zu machen?”

Wer Glück im Spiel hat, hat auch Geld für die Liebe.

Immer wieder die Liebe!
Aber der Frohsinn eines Mädchens fesselt den Mann auf Dauer mehr als alle Schönheit.

Liebesglück

Ich liebte der Augen verlockenden Glanz
und werde den Mund nicht vergessen.
Ihr Haar, ihre Haut gehörten mir ganz,
ich war von der Seele besessen.

So nah hab’ ich nie einen Atem gespürt,
ihre Wärme war mir vertraut.
Sie hat mich ganz zart zur Liebe geführt
und auf meine Treue gebaut.

Sie weinte und legte den Kopf zurück
und seufzte aus tiefstem Herzen.
Ich dachte, sie fühlte das große Glück,
dabei warn’s nur Magenschmerzen.

Erst macht der Mann der Frau den Hof, später macht er ihr auch noch die Treppe.

Ich möchte die Männer alle zählen, die jetzt mit der Schürze in der Küche am Herd stehen. Es sind gar nicht so viele. Die meisten stehen ohne Schürze in der Küche am Herd.

Männer, die mit Stolz und Bravour ihre Herkunft zeigen, gibt es genug, aber Männer, die ihre Gefühle zeigen, gibt es leider nur sehr selten.

Man kann auch Drucksachen ohne Beteiligung der Post weitergeben, z. B. den Kuß. Ein Kuß ist eine Drucksache ohne Stempel und Klebstoff. Manchmal kriegt der Küsser auch eine geklebt.

Es ist ja die Zeit der Liebe - die Zeit der Jugend. Erst bemüht man sich, die Liebe durch die Frauen kennenzulernen, später hofft man, die Frauen durch die Liebe kennenzulernen.

Le premier rendezvous. Eine Frau, die pünktlich zum ersten Rendezvous kommt, ist auch sonst nicht sehr zuverlässig. Nur muß sie darauf achten, daß sie nicht zu früh zu spät kommt.

Ein richtiger Mann ist treu und zuverlässig. Aber: Über die Treue soll man vor der Ehe auch das Kleingedruckte lesen.

Was die Liebe betrifft, können viele Dankschreiben vorweisen. Ich habe sogar Bittschriften.

Meine damalige Braut hat sich bei jedem Rendezvous beschwert, daß ich unrasiert sei. Das einzige Mittel dagegen wäre ihre Pünktlichkeit gewesen.

Der Frohsinn eines Mädchens fesselt den Mann auf Dauer mehr, als alle Schönheit.

Wenn ein junger Liebhaber die glühenden Liebesbriefe seiner Braut veröffentlicht, dann braucht sie sich nicht ihrer Briefe, höchstens des Empfängers zu schämen.

Die unüberbrückbaren Gegensätze zwischen Mann und Frau machen die Liebe so schwierig: Die Männer wollen immer die erste Liebe einer Frau sein. Das macht ihre ungeschickte Eitelkeit. Frauen aber haben einen feineren Instinkt: Sie sind gern des Mannes letzte Liebe.

Wer verliebt ist, fängt an, sich selbst zu täuschen und endet damit, andere zu täuschen.
Das nennt die Welt dann Romantik.

Alle stehen verliebt vor der Ehe. Die meisten schon mit einem Bein in der Ehe. Nur nicht in der eigenen.

In meinem Zimmer rußt der Ofen,
in meinem Herzen ruhst nur du.

Sich lieben ist für Jugendliche ein Fürwort.

Liebe heißt: Sich gerne haben, und deshalb sollte es für Erwachsene ein Hauptwort sein.

Liebe oder näheres Beisammensein mit kleineren Liebeleien ist für Verliebte ein Verhältniswort.

Wer gern und oft liebt, ist ein Kenner. Und deshalb ist für ihn Liebe ein Eigenschaftswort.

Dann ist es soweit: Die beiden heiraten. Die Liebe ist dann ein Bindewort.

Viele leben nach dem Motto: Aus zwei mach drei, somit ist die Liebe zu zweit ein Umstandswort.

Für Kurzentschlossene - das sind solche, die nach Lust und Laune lieben - ist die Liebe ein Zeitwort.

Manchmal ist Liebe ein Zahlwort...

Für einen Neunzigjährigen allerdings ist Liebe vielleicht nur noch ein unbekanntes Fremdwort.

Brechreiz

Mein Stiefel bricht die zarte Blüte,
die Pflanze bricht mein großer Schuh,
der Fluggast bricht in seine Tüte,
jedoch mein, Herz, das brichst nur du.

Früher war sie auch eine gute Partie mit Vermögen - mit Denkvermögen. Heute ist von der Mitgift nur das Gift übriggeblieben.

Meilensteine: Das waren in der „guten alten Zeit" noch Steine - massiv und ewig haltbar. Heute sind es allenfalls nur Kunststoffpflöcke mit Katzenaugen und relativ leicht umzuwerfen.

Früher war der Meilenstein der ersten Liebe die Hochzeit - heute ist er allenfalls ein Besuch im Kino.

Früher war der Meilenstein ein Glücksstein - heute hat man ihn, wenn es ernst wird, nicht am Wegesrand, sondern um den Hals.

Die Liebe kann ein ganzes Paket voller Illusionen sein: Ist es erstmal aufgeschnürt, verfliegen sie schnell in alle Himmelsrichtungen.

Wenn ich einen Kuß will von meiner Frau, dann pfeife ich. Will sie einen Kuß, dann kommt sie und fragt: Schatz, hast du gepfiffen?

Der Kuß

Der ersten Liebe Hochgenuß
ist ohne Zweifel doch der Kuß.
Er ist beliebt, er macht vergnügt,
ob man ihn gibt, ob man ihn kriegt.
Er kostet nichts, ist unverbindlich,
denn er vollzieht sich meistens mündlich.

Hat man die Absicht, daß man küßt,
Muß man zuerst mit Macht und List
den Abstand zu verringern trachten
und dann mit tiefem Blicke schmachten.
Die Blicke werden immer tiefer,
es nähern sich die Unterkiefern.

Auch wie man küßt ist ganz verschieden.
Im Norden anders als im Süden.
Der eine heiß, der and're kühl,
der Dritte mit Abstand und Gefühl.
Der eine lacht, der and're schmatzt,
als ob ein Autoreifen platzt.

Auch wiederum der Keusche
vermeidet sämtliche Geräusche.
Daneben ist verschieden auch
der Küsse Dauer und Gebrauch.
Der eine kurz, der and're länger,
den längsten nennt man: Dauerbrenner!

Wenn einer Dir 1.000 Küsse verspricht, zähl' lieber nach, meistens stimmt sowas nicht.

Unterschiede

Bei minus 5° Celsius
macht er wenig Spaß, der Kuß.
Laß ihn sein, das rat' ich dir,
bei minus 5° Reaumur.
Doch wird er zur Unmöglichkeit
bei minus 5° Fahrenheit!

Geld, Gut
und andere materielle Schätze

Ein Hörer wollte sich bei mir Geld borgen. Hab' ich gesagt: Das geht nicht. Ich habe ein Abkommen mit der Bank. Die Bank legt keine Platten auf und ich verleih' kein Geld.

Wer im Geld schwimmt, kann in Champagner baden.

Die Hosenknöpfe sind in der Zwischenzeit so teuer geworden, daß es sich wieder lohnt, echte Münzen in den Klingelbeutel zu werfen

Bei Schneiderrechnungen müssen Sie auch das Kleinkarierte lesen.

Mein Geldbeutel ist aus Zwiebelleder, immer wenn ich 'reinschaue, kommen mir die Tränen.

Für Geld kann man sich fast alles kaufen.
Ein Klavier, aber keine Musikalität.
Ein Bett, aber keinen Schlaf.
Schmuck, aber keine Schönheit.

Kaufen Sie ein Los. Mit einem Los in der Tasche kann man ganz anders mit seinen Gläubigern reden.

Was ist Reichtum? Der eine bezeichnet sich als reich, wenn er Millionen auf dem Konto hat. Dann gibt es noch den, der glücklich in der Herbstsonne auf der Bank sitzt ohne einen roten Pfennig in der Tasche. Der ist wirklich reich.

Der Reichtum ist wie Mist. Auf einen Haufen geschichtet stinkt er, über das ganze Land verteilt, macht er fruchtbar.

Mit teuerem Schmuck passiert es leicht, daß die Kette die Beschenkte bindet und den Schenker fesselt.

Andere machen aus einer Mark zwei. Wissen Sie wie? Man bohrt in ein Markstück vier Löcher rein und verkauft es für zwei Mark - als Knopf.

Was einem recht ist, ist meistens nicht billig.

Grüße ans Schillertheater in Düsseldorf. Damit ist das Finanzamt gemeint. Dort spielen sie täglich „Die Räuber”. (Anmerkung: Zu dieser Zeit hieß der Finanzminister Schiller, Karl.)

Zwischen Kunst und Kultur

Wenn ein Theaterstück von der Kritik verrissen wird, dann hat es mir sehr oft erst recht gefallen. Wurde es hochgelobt, hatte ich Mühe, nicht einzuschlafen.

Es ist also eine falsche Vorstellung, daß die Herren auf großen Galabällen nur feiern. Die reichen Herren haben Vergnüglichkeiten, das Volk hat Freude.

Wilhelm Bendow, der Altmeister, hat's auch nicht leicht gehabt, sich gegen die Kritiker durchzusetzen, die ihn erst angriffen und dann hochlobten. Er hat mal eine schlechte Kritik so beantwortet: Sehr geehrter Herr, ich sitze hier am stillsten Ort des Hauses. Ich habe ihre Kritik vor mir. Gleich werde ich sie hinter mir haben.

Zwischen Kunst und Kultur

Die Kunst des Lebens

Wer Geduld hat, kann staunen, da wird aus Gras Milch.

Mit jedem bösen Wort entfernen wir uns weiter vom Paradies.

Da sollen die Menschen ehrlich sein und nichts wegnehmen. Aber was wird am meisten gestohlen? Die Zeit. Wir geben sie Ihnen zurück - und lassen den Rest der Seite frei...

Wer das Glück nicht genießt, wenn es da ist, sollte sich nicht wundern, wenn es vorbei ist.

Gut gefrühstückt, spürt man den ganzen Tag, gut geschlachtet das ganze Jahr, gut geheiratet das ganze Leben.

Machen Sie sich keine Gedanken, daß der Nachbar es besser hätte als Sie, oder der Kollege mehr verdiene oder dessen Frau schöner sei. Leben wir doch einfach nach dem Motto: Wer tugendhaft lebt, wird geehrt, aber er wird nicht beneidet. Lieber Neider als Mitleider.

Machen Sie sich ein schönes Leben - streichen Sie allen Kummer und Ärger weg. Und was übrig bleibt, wird genossen.

Die Jahreszeiten

Alles sprießt

Ein Grund zur Freude

Wenn erst nach den Winterqualen
uns die ersten Sonnenstrahlen
Eis und Schnee hinweggefegt
und ein zartes Grün sich regt,
wenn Schneeglöckchen, Veilchen wieder kommen
und die ersten Bienen summen,
das wär' schon ein Grund zur Freud'.

Doch längst sind wir nicht soweit.
Man fühlt sich abends nicht so gut,
ist morgens auch noch schlagkaputt,
bis mittags ist man abgeschlafft
und arbeitet mit halber Kraft,
trinkt Säfte mit viel Vitamin
und kriegt die Kurve doch nicht hin.

Dazu schluckt man mit Widerwillen
laufend dicke Knoblauchpillen.
Bis der Tiefpunkt überschritten,
hat man tagelang gelitten.

Das ist normal für diese Zeit:
Man nennt das Frühjahrsmüdigkeit

Der Frühling bringt so manches an den Tag. Sie macht ihm ein Geständnis, daß sie gar kein Filmstar ist, sondern nur ein kleines Servierfräulein und er sagt tröstend: „Macht nichts, ich bin auch kein Junggeselle."

„Schatz", sagt er, „ich muß dir ein Geständnis machen. Ich bin Zeit meines Lebens farbenblind."
Darauf sie: „Macht nichts, ich stamme auch nicht aus Mosbach, sondern aus Mombasa."

Wie ich Sie kenne, holen Sie jetzt Ihren neuen Verchromten aus der Garage und machen eine Spritztour von Schlange zu Schlange, von Stau zu Stau.

Je mehr Benzinduft uns umweht,
umso näher uns der Frühling steht.
Ob´s uns damit besser geht?

Wer nicht aufpaßt, dem trägt der Frühlingswind die Dächer ab, nur die Hypotheken läßt er drauf.

Der Schnee schmilzt dahin, wie das Kompliment auf den Lippen eines Charmeurs.

Es ist Frühlingszeit und die Blumentöpfe und Frühbeete wollen gepflegt sein:

Man ist jetzt fest entschlossen:
Das gute Kräutchen wird begossen.
Das schlechte Unkraut ausgerottet.
Doch, ach, des Lebens Wachstum spottet.
Und oft fällt's schwer sich zu entschließen -
Soll man nun rotten oder gießen?

Frühlingsauftrag

Ein ewig neues, junges noch scheues
erwachendes Leben beginnt,
Man spürt mit Wonne die wärmende Sonne,
den linden liebkosenden Wind!

Ein Grünen, Erblühen ein Ansichziehen
vieltausendfältig bedacht -
du herrlich frische, verführerische
liebreizende Frühlingspracht!

Das Herz genießet, was sich erschließet
und unsere Augen weitet.
Sich weitergeben - das Leben lieben,
das unsere Sinne leitet!

Frühling und Jugend gehören zusammen: Jetzt werden nicht die Konten, jetzt werden die Betten frisch überzogen.

◆◆◆

Über Nacht

Eines Morgens
über Nacht,
haben Lüfte
wahrgemacht,
was das Herz
noch frostumklirrt
ahnungsvoll
vorausgespürt.
Aus Halmen,
Zweigen,
irdnen Schollen,
schöpft der Frühling
aus dem Vollen.

◆◆◆

Die Jugend sieht, wenn sie verliebt ist, zwar das Holz vor der Hütten, aber nicht das Brett vor dem Kopf.

◆◆◆

Jetzt im Lenze treffen sich die Herzen, neue Lieben werden geboren, alte werden gelöst. Meine Freundin hatte einen richtigen Doktor. Dem hat sie jetzt den Laufpaß gegeben. Und nun hat er ihr eine Rechnung über 135 Hausbesuche zugeschickt.

◆◆◆

Frühlingsfest

Ostern gibt uns jetzt den Rest.
Hier steht, es sei ein Frühlingsfest.
Und der milde Wind aus Westen
läßt uns jetzt den Sommer testen.
Statt harter Eier im April
gibt's schon Himbeereis am Stiel.

Ein Fest für alle

Ostern ist ein Fest für alle
und wer sucht, der findet auch.
Zuckersachen für die Galle,
fette Mahlzeit für den Bauch.

Osterhasen, Osterkuchen
Osterkindern wohlgetan.
Denn nach langem Ostersuchen
fängt der neue Hunger an.

Schwester tauscht Verlobungsringe,
Bruder trinkt, ist guter Dinge,
Oma nascht und Opa raucht,
Vater wird beim Bier gebraucht.
Und die Mutter ist erbost dann -
Frohe Ostern - Frohe Ostern.

Heiße Tage

Hochsommer ist es, gestern der wärmste Tag und in der Rheingegend der schwülste und heute steigt das Thermometer hoch und welche Fügung - nun ist endlich wieder Schulzeit. Die Schulkinder fangen gleich mit Hitzeferien an.

Heute wird den Hühnern Eiswasser gegeben, damit die keine gekochten Eier legen. Die Kühe kriegen kalte Umschläge, damit die Milch nicht schon vor dem Melken sauer wird.

Der Sommer ist die Zeit der Grillparties: Wenn die Würstchen auf dem Grill erstmal brennen, ist die Holzkohle auch bald durch. Und der Metzger ist Geheimnisträger, nur er allein weiß, was die Nürnberger in sich tragen.

Sommerliebe

Das Schönste ist ein Sommertag
Und ein Mädchen, das mich mag.
Bunte Blumen, Farbenpracht,
Und ein Mädchen zärtlich lacht.
Warmer Hauch aus Süden schmeichelt,
Und ein Mädchen, das mich streichelt.
Kühles Bächlein plätschert schnell
Klar wie Glas und sonnenhell.
Leise rauschen nahe Bäume,
Solche Tage sind wie Träume.
In blauer Luft der Bussard schwebt,
Das sind Tage, die man lebt,
Das Ohr am Herzen der Natur.
Endlose Tage ohne Uhr.
Die Sonne sich zur Ruh' begibt,
Mich mein Mädchen doppelt liebt.

Wenn die Blätter fallen

Jetzt ist Herbst und keine Spinnweben in der Sonne können uns was anderes vormachen. Sollte es dennoch nach Frühling bei Ihnen riechen, dann ist das Ihre Frau, die beim Friseur war.

Herbstlied

Wind bläst in des Herbstes Horn.
Die Beere schwankt am Brombeerdorn.
Der Apfel fällt mit leisem Laut,
Großauf am Bach die Distel blaut.
Die Schwalbe zieht, der Wanderschuh
treibt dunkel seiner Heimat zu.

Kurze kalte Tage

Jetzt bei dem Schnee in manchen Gegenden ist es sehr wichtig, sich warm anzuziehen. Wie leicht ist man erkältet. Dann gehste zum Arzt - der Arzt will ja auch leben. Gehst zur Apotheke, kaufst Pillen - der Apotheker will ja auch leben. Und dann gehste nach Hause, schmeißt das Zeug ins Klo - man will ja auch leben.

Bald ist Dezember...
...dann sind wieder die Schokoladen-Weihnachtsmänner in den Schaufenstern, die 'mal Schokoladenhasen gewesen sind, die 'mal Schokoladen-Weihnachtsmänner waren...

Ich wollte Ihnen eigentlich nach Weihnachten Schneeschippen verordnen, damit die Gans oder das Wildschwein von den Rippen verschwindet, aber täglich vier Liegestütze bis Neujahr tun's auch.

Wann ist Weihnachtszeit?

Wann ist endlich Weihnachtszeit?
Wenn in kalter Luft
der Duft von Zuckersachen
sich mischt mit Kinderlachen?

Wenn Fröste eis'ge Blumen malen,
und Augen wie die Sterne strahlen,
wenn Zapfen sich auf Stapfen reimt,
wenn Äpfel in der Röhre braten
und bunte Zinnsoldaten
vor all den Lieben Wache schieben,
wenn jeder heilt des anderen Leid,
dann wär' endlich Weihnachtszeit.

Wenn alle sich dereinst begnügen
mit kleinen statt mit großen Lügen,
wenn jeder an den andern denkt,
das Tadeln nur auf sich beschränkt,
wenn jeder in den fetten Tagen
auch die beschenkt mit leerem Magen,
und ruhig wird im Lärmgetöse
wohl unterschieden gut von böse.

Ich glaub', es ist noch ziemlich weit
bis zur wahren Weihnachtszeit.

Jahreswende

Schon wieder geht ein Jahr zu Ende,
und mancher denkt an die Jahreswende,
daß er mit diesem Zeitabschnitt
vielleicht sein letztes Stück betritt.
Drum soll ein jeder dankbar sein
und sich auf alles Neue freu'n,
was zu uns kommt, was näher rückt:
Überraschung, Reichtum, Glück.
Woll'n friedlich uns die Welt verschönen,
nach einem Streit uns schnell versöhnen,
damit wir alles leicht ertragen
in guten und in schlechten Tagen.
Laßt hoffnungsvoll uns jetzt beginnen,
was sonst noch fehlt: Man wird's uns bringen.

Weihnachten ist nicht vorbei

Jedesmal,
wenn zwei Menschen einander verzeihen,
ist Weihnachten.

Jedesmal,
wenn Ihr Verständnis zeigt für Eure Kinder,
ist Weihnachten.

Jedesmal,
wenn Ihr einem Menschen helft,
ist Weihnachten.

Jedesmal,
wenn jemand beschließt, ehrlich zu leben,
ist Weihnachten.

Jedesmal,
wenn ein Kind geboren wird,
ist Weihnachten.

Jedesmal,
wenn Du versuchst, Deinem Leben einen neuen
Inhalt zu geben,
ist Weihnachten.

Jedesmal,
wenn Ihr einander anseht
mit den Augen des Herzens,
mit einem Lächeln auf den Lippen,
ist Weihnachten.

Die fünfte Jahreszeit

Früher war die Kunst fröhlich, heute ist es eine Kunst, fröhlich zu sein. Manche Menschen sitzen an Fastnacht zu Hause - keine Kapp' auf, keine Pappnase, nicht mal eine Luftschlange hängt am Kronleuchter. Das einzig Feuchte im Zimmer ist das Aquarium.

Jetzt ist Karnevalszeit. In 14 Tagen haben wir schon wieder acht Tage nach Aschermittwoch.

Ich kenne einen Schwaben, dem hat man zu Weihnachten Cognacbohnen geschenkt. Die Bohnen hat er gegessen, den Cognac hat er in Flaschen abgezogen – für die närrische Zeit, sagt er.

Narren sind alle, die es scheinen und die Hälfte derer, die es nicht scheinen.
Besser und vernünftiger und darum auch glaubwürdiger scheint es mir, daß derjenige der größte Narr ist, der es nicht zu sein glaubt und die anderen dafür hält. Und davon gibt es mehr, als wir denken. Ich habe vorhin beim Rasieren gerade wieder einen gesehen...

Das ist die Zeit, in der auch die Vegetarier die Fleischeslust packen kann.

Wie bringt man Bücher unters Volk? Als Konfetti.

Mensch sein
und Menschsein lassen

Wenn´s mir gut geht, dann rauch' ich.
Wenn´s mir schlecht geht, rauch' ich nicht.
Wenn ich nicht rauche, geht´s mir wieder gut,
und wenn´s mir gut geht, rauch' ich.

Schaut euch ins Antlitz! Die Kumpel haben die Grübchen, die Kleinbauern haben die Furchen im Gesicht und die Radiofritzen die Wellen im Haar. Die Angler haben eine Hakennase. Und die Banker haben Zinsfüße - nicht nur die Telekom pflegt ihre lange Leitung.

Das ist die wahre Ruhe. Ich verliere nie die Beherrschung, nur manchmal kann ich sie nicht wiederfinden.

Man sagt ja im allgemeinen, man gehe in seinen Pflichten auf. Andere wieder gehen in ihren Pflichten unter.

Nach dem Krieg mußte sich Mutter die Nylons mit einem Stift auf die Beine malen. Nicht, weil sie keine Nylons hatte, sondern weil Vater das einzige Exemplar dringend brauchte - für über's Gesicht, wenn er zur Bank ging...

Seeleute haben die Eingebildeten schon ganz menschlich gesehen. Denn gegen Hochmut und Arroganz hilft die Seekrankheit: Ein Mensch, der über der Reling hängt, vergißt seine Allüren.

Ich bin mit der Bahn hergekommen.
Im Abteil saßen zwei aufgetakelte Damen. „Ist das hier ein Eisenbahnabteil oder ein Tuschkasten?" „Das ist ein Tuschkasten", sagte die eine, „der Pinsel ist gerade eingestiegen."

Es betritt ein Mann die Bar.
Ein ganz übermoderner Paradiesvogel mustert den Mann und sagt: „Na, Sie Spießer, in Ihrem traurigen Leben haben Sie sicher noch nichts Aufregendes erlebt."
„Aber doch", sagt der Mann. „Ich hatte vor 18 Jahren eine Affäre mit einem Pfau. Jetzt überlege ich, ob Du mein Sohn sein könntest".

Was nützt der Wille, wenn die Fähigkeit fehlt.
Gönn' dir einen kleinen Nervenkitzel, geh zum Zahnarzt.

Ein Bischof besucht San Francisco. Noch auf der Gangway bestürmen ihn die Reporter und einer fragt, ob der Bischof denn auch das Nachtleben kennenlernen wolle. Darauf der Bischof: „Ja, gibts denn sowas hier?"
Nächsten Morgen steht in der Zeitung: „Bischof besucht San Francisco und fragt noch auf dem Flugplatz als erstes nach dem Nachtleben."

Die Pille weckt Hoffnung, nicht in Hoffnung zu geraten.

Die Pille ist umsonst geschluckt, wenn Papa aus dem Fenster guckt.

„Magermilch ist gesund", sagte der Milchmann, als er den Rahm abschöpfte.

Stillgestanden!

Immer der Reihe nach, immer in der Ordnung wie bei den Soldaten. Wohin sieht der Soldat zuerst, wenn er sein Gewehr reinigt? Nach der Nummer, damit er nicht das Gewehr eines seiner Kameraden reinigt.

Unsere Musik heute für die Soldaten, denen es besser gehen soll als früher. Eine Mutter schickte ihren Jungen zur Bundeswehr mit den Worten: „Und reiß' dich ein bißchen zusammen. Steh' morgens pünktlich auf, damit nicht die ganze Kompanie mit dem Frühstück auf dich warten muß."

Beim Militär hat mancher das Maul aufgerissen, wie Columbus, als er zum erstenmal New York sah.

Was hat der Soldat auf sein Kommißbrot?
Anspruch.

Hinweis am schwarzen Brett: Der Vortrag des Oberstabsarztes über das Thema „Wie halte ich mich gesund" fällt wegen Erkrankung des Oberstabsarztes aus.

Einen guten Rat noch an die Soldaten. Wenn der Ruf erschallt: „Freiwillige vor!" Dann gibt es nur eines - Platz machen.

Auf dem Kasernenhof brüllt der Spieß: „Tellient wollt ihr sein? Intellient seid ihr!"

Musik liegt nicht nur in der Luft

Umfragen haben ergeben, daß vor allem deutsche Schlager gefragt sind. Die Hörerwünsche beweisen dies schon seit Jahren: Überwiegend deutsche Schlager, Volksstümliches und Gefühlvolles werden gewünscht. An den Caprifischern hängen manchmal mehr Erinnerungen als an Omas Poesiealbum.

Musik soll den Patienten beim Zahnarzt über Kopfhörer zugespielt werden, dann vergeht denen der Schmerz. Empfehlung: Die Kastelruther beim Ziehen, Uschi Bauer beim Bohren, Vreni und Rudi bei der Goldfüllung und Heino zum Trost beim Erhalt der Rechnung.

Schlagertexte sind Gefühle des Volkes. Manchmal habe ich den Eindruck, als seien Schlagertexte Parfümrezepte, verfaßt von Leuten, die einen Stockschnupfen haben. Zumindest verfliegen sie auch so schnell wie Eau de Cologne.

Musik ist dazu da, uns alle fröhlicher zu machen, uns ein bißchen abzulenken vom täglichen Allerlei. Auch das kleinste Vergnügen kann das sein, wofür es sich lohnt zu leben.

„Wünsch' dir was" - das ist ein Uralt-Traum der Menschheit. Früher war´s die Fee, und heute noch ist es die mit dem Zauberstab. Aber wer klagt, daß wir nicht alles haben, was wir wollen, sollte lieber dankbar sein, daß wir nicht alles kriegen, was wir verdienen.

Ich kenne einen, der übt den ganzen Tag Klavier, denn er weiß, was er will. Er will die Wohnung nebenan.

Klavierspielen zu können ist wie das Beherrschen einer Fremdsprache. Wie haben sich Mozart in Böhmen und Rubinstein in Lateinamerika verständigt? Mit dem Instrument. Und alle haben verstanden.

Ich spiele Klavier wie Gieseking. Mit zwei Händen.

Warum hat ein Klavier weiße und schwarze Tasten? Die weißen sind für Hochzeiten, die schwarzen für Beerdigungen.

Die Tochter meiner Nachbarin wäre ein Engel gewesen, hätte sie keinen Flügel gehabt. Auf dem machte sie nämlich einen Höllenlärm. Sie war musikalisch unbegabt.

Im Gesangverein trifft man sich einmal in der Woche. Zum Trinken, Witzeerzählen, Gemeinsamkeit pflegen. Und einmal im Monat kommen die Damen mit.
Jedoch gesungen wird im Gesangverein immer nur auf dem Heimweg.

Wir merken gar nicht, mit welchen Tricks die Schlagermacher unsere Sinne beeinflussen. Das ist bei den Komponisten nicht anders, als bei den Köchen. Hier etwas Gewürz gemixt und da noch ein Schuß Elektronik. Beides kann man versalzen und sich an manchem überessen. Es kommt immer darauf an, wie es serviert wird.

Wir spielen Musik, die den Kaffee schmackhafter, den Kuchen kalorienärmer, die Zuneigung inniger und den Wein kühler macht.

Immer noch erfreuen sich die Menschen an Musik. Und wenn schon lange kein Mensch mehr weiß, wer Udo Jürgens war oder Peter Igelhoff oder Gitti und Erika - einen Mozart werden sie alle noch kennen - in hundert und in tausend Jahren.

Es braucht nicht viel, um ein Schlagerstar zu werden: Ein bißchen Stimme, noch weniger Hemmungen und ein Quentchen Glück.

Natürliches

Auf die Erdbeeren gehört Mist. Wir haben früher immer Sahne draufgemacht.

Mit dem ersten Baum, der von Menschenhand gefällt wurde, begann die Kultur. Mit dem letzten Baum, den der Mensch umlegt, endet die Kultur.

Hinaus in die Natur. Früher fragten die Leute: Sind in dem Wald auch Hirsche? Heute fragen sie: Sind in dem Wald auch Bäume?

Der Waldbestand ist endlich. Besuchen Sie den Pfälzerwald, den Odenwald, den Bayerischen Wald oder den Schwarzwald - solange es noch Wälder gibt.

In meinem Garten züchte ich Lorbeeren. Für später, um darauf auszuruhen.

Rosen sind wie die Männer: Unter den Händen einer Frau blühen sie auf, aber nach gewisser Zeit verduften sie.

Wer sich mit Regenwasser wäscht, wird schön -
man kann es gleich im Spiegel sehn.
Das Wasser tröpfelt in den Kragen.
Wer schön sein will, muß viel ertragen.

Wir benehmen uns mit unserer guten alten Erde so, als hätten wir noch zwei davon in Reserve.

Die Natur ist das einzige Buch, das auf allen Blättern großen Inhalt bietet. Man muß eben nur zu lesen verstehen.

Aufrecht nehmen die Bäume alles auf. Auch den größten Unrat lassen sie majestätisch unter sich.

Die Liebe zur Natur und zur Heimat ist die einzige Liebe, die menschliche Hoffnungen nicht enttäuscht.

Die Nase des Menschen ist merkwürdig: Flügel unten, Rücken vorne und die Wurzel oben.

Das Apfellied

Eines mußt du dir stets merken:
Wenn du schwach bist, Äpfel stärken!
Äpfel sind die beste Speise,
für zu Hause, für die Reise,
für die Alten, für die Kinder,
für den Sommer, für den Winter,
für den Morgen, für den Abend.
Äpfelessen ist sehr labend.
Äpfel glätten deine Stirn,
bringen Phosphor ins Gehirn.
Äpfel geben Kraft und Mut
und erneuern dir dein Blut.
Darum, Freund, so laß dir raten:
Iß nur frisch, gekocht, gebraten
täglich ihrer fünf bis zehn,
wirst nicht dick, doch jung und schön
und kriegst Nerven wie ein Strick -
Mensch, im Apfel liegt Dein Glück!

Die Plantaner

Nach den radikalen Tierschützern haben sich jetzt die besorgten Pflanzenschützer zu Wort gemeldet. Ein Auszug aus dem Rohkost-Schutzbrief der Plantaner liest sich so: „Schützt die Lebensrechte der grünen Schöpfungen - Chlorophyll ist ein besonderer Saft!

Keine Ähre für den rücksichtslosen Menschen. Verhindert den Raubbau an Früchten und Samenkörnern, die zum Erhalt der Art bestimmt sind. Wer hat den Weizen gefragt, ob er Mehl werden will?
Reißt nicht die Möhre mitsamt der Wurzel aus. Verhindert den brutalen Mißbrauch aller Pflanzen dieser Erde!

Ächtet Gewächs- und Treibhäuser! Kein Schockfrosten von Petersilie mehr, kein Rösten von unschuldigen Kaffeebohnen! Kein Schälen von Spargel am lebendigen Leib und keine Pfefferminze mehr in kochendes Wasser! Nie mehr darf unschuldige Baumwolle zu Modemänteln verarbeitet werden.

Gebt die Zimmerpalmen frei! Keine Mark für Schnittblumen! Erhaltet das Unkraut!

Darum:
Eßt keine Pflanzen und keine Pflanzenprodukte!
Eßt keine Tiere und keine Tierprodukte!
Lebt von der Liebe."

Politisches - mal ehrlich...

Eh sie große Taten täten
und Europas Staaten säten,
erstmal sie nach Straßburg spähten:
„Her mit den Diäten."

In der Politik ist es meist wie in der Grammatik: Wenn alle denselben Fehler immer wieder machen, wird er bald als Regel anerkannt.

Was ist Forschung,
Was ist Philosophie,
Was ist Politik?

Forschung ist,
wenn zwei Männer in einem dunklen Raum eine Katze suchen.

Philosophie ist,
wenn zwei Männer in einem dunklen Raum eine Katze suchen, die gar nicht da ist.

Politik ist,
wenn zwei Männer in einem dunklen Raum eine Katze suchen, die gar nicht da ist und der eine schreit: „Ich hab' sie!"

Wenn ein Politiker die Haare glatt trägt, sagt er die Wahrheit.
Wenn ein Politiker die Brille schief trägt, sagt er die Wahrheit.
Wenn ein Politiker sich die Ohren zuhält, sagt er die Wahrheit.
Nur, wenn ein Politiker den Mund aufmacht, dann lügt er.

Ich habe es meinem Sohn tausendmal gesagt:
Wer nichts lernt und faul ist, kann nur Hilfsarbeiter oder Politiker werden.

Rundfunk und Rundfunkmacher

Ein Ansager braucht die Qualitäten eines Politikers. Im Grunde nichts sagen - aber das geschickt formulieren.

Es gibt richtig erfrischende Radioprogramme: Man fühlt sich wohl, wenn man wieder aufwacht.

Frau Elisabet W. ist neugierig:

Die Rundfunk-Sendung

„Die Frage läßt mir keine Ruh'
wie geht das eigentlich so zu?

In Ihrer Sendung - wer mixt da mit?
Wer stellt sie zusammen: die Namen, den Hit?
Und dann frag ich vor allen Dingen:
Wer verantwortet, was Sie da bringen?
Ist das schon länger voraus beschlossen?

Sie werden standrechtlich erschossen,
wenn ich darauf keine Antwort krieg.
Nun äußern Sie sich, das wäre nett
herzlichst: Ihre Elisabet."

Ich lebe noch. Also war die Antwort nicht so wichtig.

Kennen Sie den Unterschied zwischen Rundfunk und Polizeifunk? Polizeifunk hat mehr Hörer.

Bei mancher Musik, die wir spielen, drückt das Ohr ein Auge zu.

Rat einer Hörerin: „Enthalten Sie sich jeder Kritik über die gewünschten Schlagersänger. Sie können ja selbst nicht singen." Liebe Frau M., ich kann auch keine Eier legen, und trotzdem weiß ich viel mehr von Eierkuchen, als alle Hühner dieser Welt.

Ich hab eben meinen Regisseur hinter der Glasscheibe hier im Studio gefragt, warum er mich denn ununterbrochen anstarre. Er meinte, er blicke gern ins Leere.

Ein guter Ansager sagt lieber weniger als mehr und läßt zwischen den Zeilen noch Platz zum Zuhören.

Es ist leichter, die Dummheiten anderer nachzureden, als sich ständig eigene auszudenken.

Ich spreche laut, damit ich höre, was ich denke.

Vorhin sagte einer zu mir: „Guten Tag Herr Sieb.” „Entschuldigung, ich heiße nicht Sieb, sondern Siebeneicher.” Darauf er: „Da können Sie mal sehen, wie schnell ich abschalten kann.”

Es gibt untragbare Radios, aber tragbare Sendungen. Und es gibt tragbare Radios, aber untragbare Sendungen.

Ein Hörer hat mir geschrieben: „Sehr geehrter Herr Siebeneicher, meine Tochter Astrid schwärmt für Sie. Um ihr dies auszutreiben, brauche ich dringend eine Fotografie von Ihnen.”

Warum läßt er dem Kind die Illusionen nicht?

Einen Arzt, aber keine Gesundheit.
Delikatessen, aber keinen Appetit.
Bücher, aber keine Intelligenz.
Ein teueres Radio, aber kein gutes Programm.
Es sei denn, Sie hören das unsere.

„Schatz, ist das ‘Carmen’, was Du da hörst?” „Nein, Bremen”.

Das Lied vom Verkehrsfunk

Refrain:

Drücken wir nochmal den Hinztriller – piep –
mogeln uns in die Musik – piep –
Das ist ein ganz großer Stimungskiller,
doch für den Fahrer ein Glück.
Drücken wir ihn für den Mann im Stau
und für den Schiffer vom Rhein,
für unsern Trucker mit seiner Frau
und auch für Sie ganz allein.

1.
Ich bin der Mann, der alle Autofahrer warnt,
wenn sich ein Mädchen 'mal als Geisterfahrer tarnt.
Ich hab zur Polizei den allerbesten Draht
und weiß, wo sie Radar-Kontrollbeamte hat.

2.
Manchmal hab ich auch eine gute Masche drauf,
dann warne ich pauschal vor jedem Autokauf.
Denn der Kraftstoff treibt die Kosten nicht allein,
die blonden Ziele sollen noch viel teurer sein.

3.
Ich warne, links zu blinken und nach rechs zu fahr'n,
die Menschen mit dem lauten Hupenton zu narr'n,
wenn eine Pfütze kommt, dann warn ich nur zum Spaß,
denn kaum ein Raser nimmt den rechten Fuß vom Gas.

4.
Es gibt auch Freude über Staus und ihren Sinn,
denn wer sich nicht freut, der steckt ganz genauso drin.
Ich steh' für jede Dame da mit Rat und Tat,
wenn ihr der Wind die Kerzen ausgeblasen hat.

5.
Ich kriege alle Ungebührlichkeiten spitz
und warne junge Damen vor dem Liegesitz.
Wenn ihre Standheizung im Winter einmal klemmt,
dann warne ich vor dem Verkehr im Unterhemd.

Schwaben und andere Landsleute

Ein Wahlspruch der Schwaben lautet: Alles gehört dir, was die Henne gelegt hat, nur die Eier nicht.

Mein Freund aus Stuttgart sagt: „Ein großer Bauch kommt nicht von kleinen Schnitzeln."

Der Gaul, der den Hafer verdient, bekommt ihn selten.

Meine Großmutter, die aus Heidenheim stammte und die noch echtes Schwäbisch sprach, gab ihrem Enkel unter anderem folgenden Satz mit auf den Weg: „Mit kloine Schritt kommts Geld rei, naus machts große."

Wenn dem Bodenseedampfer keine Möven folgen, sind nur Schwaben an Bord.

Es waren damals nicht sieben Schwaben, sondern acht - einer hatte immer Kehrwoche.

Mit einem Preußen kann man nicht Versteck spielen. Einen Preußen sucht keiner.

Hessisch: Frisch gwagt, ist halb gwonnen, wer das gsagt hat, hat gwußt, was er gwollt hat.

Die Bayern sind eine Kreuzung aus Preußen und Österreichern: Von den Preußen haben sie den Charme und von den Österreichern die Ordnungsliebe.

In Hamburg ruft ein Matrose seinem Kollegen vom Nachbarschiff zu: „Do you speak English?” „Yes!” „Dann smiet mi mol dat Tau röver.”

Warum gehen die Schwaben am Sonntagmittag mit einem Zahnstocher im Mund auf die Straße? Damit die Nachbarn meinen, es habe Fleisch gegeben...

Die Schwaben sind sparsame Leut': Um das Abendessen zu sparen, stellen sie sich mit dem Bauch an den Ofen und wärmen das Mittagessen auf.

••• •••

Die Hessen hätten damals im Paradies nicht in den Apfel gebissen, die hätten ihn zu Apfelwein vermoschtet.

••• •••

Text einer Kleinstanzeige aus der lokalen Tageszeitung: Ehering verloren. Der ehrliche Finder des Ringes wird gebeten, die dazugehörende Frau umgehend bei mir abzuholen.

••• •••

Wer viel reist, der lernt viel. Vor allem beim Essen. Was in Bayern die Fleischpflanzerln, sind in Berlin Buletten, an der Waterkant Hamburger Steak, im Rheinland Frikadellen, beim Seemann gehackter Hund und in Wahrheit sind's Brötchen...

Das Wort zum Sport

Wenn ich abends nach Hause komme, bekomme ich einen Anpfiff, werde ins Abseits gestellt, man zeigt mir die rote Karte, stellt mich schließlich vom Platz. Dann werde ich für alle Auswärtsspiele gesperrt.

Der Fußballer fragt das Mädchen, warum es ihn geohrfeigt habe. „Wegen Handspiels im Strafraum!"

Zweiundzwanzig erwachsene Männer jagen einem Ball nach, um dann, wenn sie ihn haben, sofort wieder abzugeben. Das gleicht einer Rauferei zweier Kahlköpfe um einen Kamm.

„Damentausch ist ein Geschenk des Himmels."
Aus einem Bericht über die Schachweltmeisterschaft.

Tierisches – da lachen nicht nur die Hühner...

Das Hausschwein ist sehr gut zu gebrauchen. Alles wird verwendet, sogar der Name. Als Schimpfwort.

⊷ ⊷ ⊷

Manche Spatzendame ist voller Kummer, wenn der Spatzenmann eine Meise hat.

⊷ ⊷ ⊷

Das Schwein ist nicht dumm: „Was nützt mir die Intelligenz, wenn der Mensch was ganz anderes von mir will."

⊷ ⊷ ⊷

Meckern ist der Ziege eigen,
jeder Bock setzt Hörner auf.
Besser wäre manchmal Schweigen,
nimmt man nicht den Spott in Kauf.

⊷ ⊷ ⊷

Wer mit Hunden schlafen geht, steht mit Flöhen auf.

⊷ ⊷ ⊷

Kein Hund tauscht Knochen mit einem anderen Hund.

⊷ ⊷ ⊷

Ein Hund ist das Spiegelbild der Familie, in der er lebt. Es gibt keinen munteren Hund, in verdrießlicher und mißgelaunter Umgebung. Ebensowenig gibt es einen traurigen Hund in glücklicher menschlicher Gesellschaft. Mürrische Leute haben mürrische Hunde, gefährliche Leute haben gefährliche Hunde. Und wer ein Messer im Schuh, ein Schlagring an der Hand und eine Magnum am Gürtel zu tragen pflegt, der hat auch sein armes Tier als Waffe abgerichtet.

Mit der Namensgebung der Tiere sollte man vorsichtig sein. Meinen Hund zum Beispiel habe ich „Gauner" getauft. Wenn ich den rufe, drehen sich viele Leute um.

Es gibt Esel, welche wollen,
daß Nachtigallen hin und her des Müllers Säcke tragen sollen.
Ob's recht, fällt mir zu sagen schwer.
Eins weiß ich: Nachtigallen wollen nicht, daß Esel singen sollen.

Warum dürfen Hunde nicht mit auf's Hotelzimmer? Sie putzen ihre Schuhe nicht an der Gardine, sie drücken keine Zigaretten auf dem Teppich aus, trinken keinen Alkohol und beschweren sich nie. Also, warum nicht?!

Alte Bauernregel

Eine Kuh macht muh -
vielc Kühe machen Mühe.

Lieber ‘ne reiche Kuh, als ein armes Schwein.

Seit das Auto die Pferde verdrängt hat, sind die Spatzen fast schon ausgestorben.

Daß das Auto die Pferde verdrängt hat, ist offensichtlich: Man findet viel öfter eine Schraube in der Wurst als einen Apfel...

Huhn und Hühnerleiter

Du brauchst zum Glück nicht viel zu tun,
das Leben ist so heiter,
betrachtest du das Ei vom Huhn
und nicht die Hühnerleiter.

Finken-Weisheit

Ein Fink, der noch sehr jung
und unerfahren war,
frug einen alten: „Sag', warum
denn Rebhuhn, Wachtel, Gans
beliebter sind als wir beim Publikum?"

Da sprach der alte Fink
und legte seine Stirn in Falten,
„das liegt allein
an unserm Zugvögelverhalten.
Wär'n wir das halbe Jahr
nicht stets auf Reisen,
man würde uns als halben Fink
an jeder Imbißbud' verspeisen."

Da lachte Mutter Fink
und piepte höhnisch:
„Wo's uns gebraten gibt, da spricht
man leider heut' nur italienisch.
Doch dies wird hoffentlich
sich sehr bald ändern,
man wird auch dort die Finken ehren
wie in allen anderen Ländern."

Beim Tierarzt: Wenn dem Hund ein Zahn gezogen wird, muß die Sprechstundenhilfe die Schnauze halten.

Früher waren wir so arm, daß die Mäuse zu uns nur zum Übernachten kamen. Dann hat Vater die Ärmel hochgekrempelt, und der Sohn hatte mehr vom Leben.

Die Vögel, die das Ungeziefer wegfressen sollen, werden jetzt ein bißchen entlastet. Übersatte Menschen haben Ameiseneier, Käfer und Kerbtiere zu Delikatessen erklärt...

Spatzen sind nützliche Vögel: Sie füttern ihre Jungen im Sommer nur mit Insekten - und jede Mücke für einen Spatz ist eine Chance für den Menschen, einmal weniger gestochen zu werden.

Ich bin ein Katzenmensch: Ich schleiche zur Arbeit, lege die Pfoten auf den Tisch und warte auf die Mäuse...

Daß Tiere sprechen können, macht sie noch lange nicht zu Menschen. Erst müssen Sie mal lügen lernen.

„Wer ständig gemolken wird, darf auch mal meckern...“, sagte die Ziege.

Baron von Schwerdlitz schoß, doch der Hase lief weiter: „Herr Baron haben geruht, den Hasen zu begnadigen”. Oder war es Nächstenliebe?

Die vielleicht schönsten Wochen...

Wenn Sie mit dem Zug nach Italien fahren, dann ist in jedem Abteil Musik, Gitarre und Gesang. Komisches Land, die haben den Po oben und den Busento unten.

Nächste Station ist Zürich in der Schweiz. Da gibt es herrliche Gegenden: Morgens ein Nebelmeer, tagsüber ein Häusermeer, abends ein Lichtermeer und nachts dann gar nichts mehr.

Ich weiß noch als in St. Tropez Brigitte Bardot und Gunter Sachs Urlaub machten für 365 Tage im Jahr und in der übrigen Zeit schwerstarbeiteten.

Wer zum Schwärmen über Hawaii und Fidji die richtigen Worte findet, den sollten die Schönheiten hierzulande auch noch begeistern.

Ich mag Italien, Schweiz und Costa Blanca. Ich mag die Schären und die blaue Inselwelt, ich mag Hongkong, Bangkok und Mauritius aber ganz toll den Wacholderbusch im Park da drüben.

King Kong spielt Pingpong in Hongkong...

„Es ist laut in Eurer Wohnung. Was klopft denn da oben?"
„Unsere Nachbarn schlagen sich den nächsten Urlaub aus dem Kopf!"

Weisheit, die mit dem Alter kommt

Wenn ich mein Leben bis heute noch einmal antreten könnte: Die Fehler würde ich wieder machen - aber viel früher.

Mit zunehmendem Alter wird man nicht klüger, man weiß nur genauer, daß es die andern auch nicht werden. Und das beruhigt und macht zufrieden.

Was ich mir wünschte, wenn ich nochmal 16 wäre? Nichts. Vorausgesetzt, ich hätte meine Erfahrung schon.

Bereuen wir nicht manches, das wir früher nicht getan haben?

Alter schützt vor Liebe nicht, aber Liebe schützt bis zu einem gewissen Grad vorm Alter.

Lachen und Lächeln sind Tor und Pforte, durch die viel Gutes in den Menschen hineinhuschen kann. Nur der Dumme grinst ohne Grund und ärgert sich, schwätzt dummes Zeug, vertraut ahnungslos, wechselt seine Meinung, fragt nach Dingen, die ihn nichts angehen und vermag nicht Freund von Feind zu unterscheiden. Aber manchmal ist diese Welt eben nur mit einem bißchen Dummheit zu ertragen.

Die Jahre vergehen, aber es kommen immer neue Jahre mit neuen Problemen, die wir lösen müssen. Stärke braucht der Mensch nicht nur im Hemdkragen.

Eine Stimme sagte mir: „Nimm's leicht, es könnte schlimmer kommen". Ich nahm es leicht... und es kam schlimmer.

Um die Wunder zu sehen, sollte man die Augen schließen.

Je weniger Bedürfnisse der Mensch hat, umso mehr wird er den Göttern ähnlich.

Wenn du den Mond sehen willst, dann schaue zum Himmel, nicht ins Wasser.

Die Sorgen

Laßt die Sorgen sein,
lebt fröhlich in den Tag hinein,
so bleiben fern von Euch die Mühen und die Plagen.
Wozu soll man die Lasten andrer tragen?
Laß die doch schleppen bis sie ächzen
und auch nach Ruhe und Erbauung lechzen,
die uns schon lange Zeit gehört.

Erträglich ist's nur unbeschwert.

Gleichgültig, ob Du reich bist ist oder arm, groß oder klein, mächtig oder schwach: Das Schicksal findet bei jedem immer genau die Stelle, wo er kitzlig ist.

Es ist manchmal eine Kühnheit, sich schlafen zu legen ohne den geringsten Zweifel, ob der neue Tag erscheint. Aber es ist immer eine Kühnheit zu leben.

Mit 20 Jahren ist die Schönheit ein Geschenk des Himmels, mit 30 Jahren ist Schönheit Disziplin, mit 40 Jahren macht Gefallen schön und mit 50 Jahren ist sie Mühe und Arbeit gewesen.

1945 hat unsere Mutter gesagt: „Wer heute auf's Frühstück verzichtet, bekommt 30 Pfennige." Haben wir gemacht.
Mittags hat sie gesagt, „wer aufs Mittagessen verzichtet, bekommt 50 Pfennige." Der Hunger wurde größer.
Und abends hat sie gesagt: „Wer Abendessen will, muß 80 Pfennige bezahlen."

Die Zeit geht unwiderruflich dahin, und leider kann man Rückfahrkarten in diesem Leben nicht erwarten. Darum nutzen Sie die Zeit jetzt.

Unabhängig vom Alter: Zärtlichkeit ist zeitlos.

Wann ist man alt? Wenn man an der Vergangenheit mehr Freude hat, als an der Gegenwart. Und vor allem auch dann, wenn man die Ehrfurcht anderer mit Freuden entgegennimmt.

Mit den Jahren kommen die kleinen Wehwehchen und dann kommen die größeren Wehwehchen: Wenn man mit 90 morgens aufwacht und gar nichts spürt, dann ist man schon im Himmel.

Erbschaft steuern

Merk es Dir, ergrauter Vater,
Sag' es auch dem Mütterlein:
Soll der spätere Lebensabend
Ohne Nahrungssorgen sein,
Gib' Du die erworbenen Güter
nicht zu früh an Kinder ab.
Sonst wirst Du zu ihren Sklaven,
Und sie wünschen Dich ins Grab!
Wer besitzt, den wird man achten,
Kinderdank ist Seltenheit;
Brot zu betteln heißt: Verschmachten!
Brot zu geben: Seligkeit.

Alle Wetter

Mir ist da jüngst ein Mann begegnet, der freut sich immer, wenn es regnet. Und lächelnd sagte er dann noch: „Wenn ich mich nicht freu', regnet's doch".

Der Winter und der Sommer unterscheiden sich in Deutschland dadurch, daß der Regen im Sommer etwas wärmer ist.

So manche familiäre Schlechtwetterlage kann beim Bier zumindest in ein Zwischenhoch verwandelt werden - bis zum nächsten Donnerwetter. Des Bieres wegen.

Der Nordwind kann kommen woher er will, er ist immer kalt.

Manche Leute schwören ja auf den Hundertjährigen Kalender und lassen sich doch gegen Regen versichern.

Vor dem Urlaub trag' ich meinen Pelz ins Pfandhaus und lasse mich regenversichern. Nach dem Urlaub löse ich den Pelz mit der Regenversicherungs-Entschädigung wieder ein und zahle den nächsten Urlaub voraus.

Ein Regentag mit diesig verhangenem Himmel und ab und zu zuckenden Blitzen ist viel romantischer, als der strahlende Sonnenschein, der alles so unbarmherzig ans Tageslicht zerrt.

Ein Regentag ist Phantasie, die Insel der Seligen, das Trugbild und der Zauber der Idealwelt von morgen.

Mit dem Wetter ist es wie beim Fernsehen: Immer Wiederholungen.

Die Meteorologen haben mit den Voraussagen immer recht. Man braucht nur Geduld, endlose Geduld manchmal.

Eine Windhose und eine Windjacke ergeben noch lange keinen Anzug.

Ein Meteorologe hatte einmal in seinem Bericht verlauten lassen, daß das Wetter noch längere Zeit regnerisch bleiben würde und hinzugefügt: „Man schämt sich fast, bei diesem Wetter Meteorologe zu sein.“ Was stand nächsten Morgen in der Zeitung? Wetter bleibt schlecht - Meteorologen schämen sich.

Ich wollte gerade zum Kollegen sagen: „Legen Sie doch mehr Feuer in den Wetterbericht”. Bei den Aussichten legen wir aber lieber den Wetterbericht ins Feuer.

Wohlbefinden, Gesundheit und Krankheit

Wem heute nichts fehlt, der kann nicht gesund sein.

Ich habe meine letzte Krankheit auch noch nicht ganz überstanden. Die Rechnung fehlt noch.

Manche Leute tun so viel für ihre Gesundheit, daß sie ganz krank davon werden.

Reiche Leute lassen sich vom Chirurgen ein anderes Gesicht schneidern. Weniger Begüterte laufen für viel weniger Geld gegen einen Laternenpfahl.

Ein richtiger Arzt runzelt in jedem Fall die Stirn. Geht's schlecht, hat er vorgewarnt, geht's gut, hat er sich angestrengt.

Ich muß auch' mal öfter in den Spiegel gucken. Je mehr ich reinschaue, umso ähnlicher werde ich mir, besonders morgens...

Wohlbefinden ist wichtiger als strenge Ordnung und Pedanterie - alles zu seiner Zeit.

Der beste Hausarzt ist eine gute Hausfrau, die mit Heilerde und kalten Umschlägen und mit Liebe viel mehr erreicht, als die Chemie in 100 Jahren.

Krankheit läßt erst den Wert der Gesundheit erkennen. Das Böse den Wert des Guten, der Hunger die Sättigung und die Ermüdung den Wert der Ruhe.

Zu guter Letzt

Geheimnisse

Das Herz der Frauen,
Das Hirn der Schlauen
und der Inhalt einer Wurscht
bleiben ewig unerfurscht.

Was heißt auf lateinisch „der Geigenkasten"? Fidel Castro, und der Schnellkochtopf? Gari Baldi.

Mein Arzt hat mir dringend geraten: Keinen Tropfen Alkohol, keine Zigarette, keine Zigarre, keinen Kaffee oder Tee, keine Schokolade und auch sonst nichts - aber mehr Lebensfreude!

Wenn man einen Cowboy ärgert, kommt die Antwort wie aus der Pistole geschossen.

Da kommen Papi, Mutti, Opi, Omi und ichi.

Wovon lebt die Post eigentlich? Die Post verkauft eine Eine-Mark-Marke für eine Mark. Also ohne Gewinn. Inzwischen kenne ich das Erfolgsgeheimnis: Ein Brief, der eine Mark kostet, darf 20 Gramm schwer sein. Aber nicht jeder mit einer Mark frankierte Brief wiegt 20 Gramm. Von dieser Differenz lebt die Post.

Warum wird heute mehr geredet als geschrieben? Wer einen Brief schreibt, legt sich fest. Per Telefon kann man schon 'mal herumreden, anders reden als meinen, hinterher das Wort im Munde verdrehen – das geht beim Schreiben nicht.

Lieber von Picasso gemalt, als vom Schicksal gezeichnet.

Vier Dinge braucht der Mann:
Ein warmes Plätzchen, Wasser, Korn und eine Frau. Doppelkorn und zwei Frauen wären reiner Luxus.

Es gibt auch Griechen, die mit ihrem Latein am Ende sind.

Wenn's brennen sollte, dann ruft man heute 112 – wir haben früher einfach nur „Feuer!" gerufen. Die Zeiten ändern sich.

⬥ ⬥ ⬥

Die Männer sind wie Briefe: Man soll ihnen eine kleben, bevor man sie aufgibt.

⬥ ⬥ ⬥

Die Zeit rennt, es vergeht alles viel schneller. Heute erreichen die Mädchen ihr 14. Lebensjahr schon mit 12. Und die Männer sind eher verheiratet, als sie vernünftig sind.

⬥ ⬥ ⬥

Die Väter sind heute immer öfter bei der Geburt Ihrer Kinder dabei. Vielleicht möchten viele bei der Geburt dabeisein, weil sie es bei der Empfängnis nicht waren.

⬥ ⬥ ⬥

Früher machten Fabrikanten Autos, um sich Bilder zu kaufen. Heute malen Maler Bilder, um sich Autos zu kaufen.

⬥ ⬥ ⬥

Hier wird nach vorne gelächelt und nach hinten werden die Zähne gezeigt.

⬥ ⬥ ⬥

Anfang des Jahres war die Lage kümmerlich, aber wir fürchteten uns nicht. Jetzt ist die Lage fürchterlich, aber wir kümmern uns nicht...

„Bitte schönes Fräulein, geben Sie mir Ihre Telefonnummer."
„Steht im Telefonbuch."
„Und Ihr lieblicher Name?"
„Steht daneben."

Der Pfarrer geht mit einem Stück Speck durch die Straße und jemand sagt: „Herr Pfarrer, Sie haben Speck unterm Arm." „Ach", sagt der Pfarrer, „dann hab' ich wohl das Gesangbuch in die Erbsensuppe geschmissen."

Eine Kopfnuß für Sie:
Wer ist der Schutzpatron der Vegetarier? Rübezahl, Bernie Kornfeld oder Liza Vitaminelli? Alles falsch, es ist eine Patronin: Die Obervegetarierin Wenke Möhre.

Wobei errötet man heute noch? Heute wird man höchstens blaß, wenn der Kellner die Rechnung hinlegt.
Für Fußballvereine setzt die Bahn Flaschenzüge ein, für die Lunge Atemzüge und für die Bergsteiger Klimmzüge. Der beste Zug ist ein Zug durch die Altstadt.

Man darf die Motorisierung nicht immer nur negativ sehen. Sie hat auch positive Seiten. Denken Sie nur an den Rückgang der Pferdediebstähle...

Ist das ein Fortschritt, was die Raumfahrttechnik in den letzten 25 Jahren alles geleistet hat! Ganz bestimmt hätte man im vorigen Jahrhundert noch Jahrtausende dazu gebraucht.

„Wann erlebten Sie zum letzten Mal die Liebe?“ „Neunzehnfünfundvierzig.“ „Das ist aber lange her.“ „Wieso, jetzt ist es doch erst zwanzig Uhr fünfzehn“.

Eine schöne Frau wäre ja dumm,
wenn sie auch noch klug wäre.

Aus dem Tagebuch von Heinz S.:

Heute ist Mittwoch.
Gerade hat der Postbote das erste, noch druckfrische Exemplar von „Fröhlich im Alltag" gebracht. Ganz nett. Dennoch Waltraud bitten, folgende Notiz an meinen Verleger zu faxen:
„Vielen Dank, aber Sie haben ja doch gedruckt, was ich gesagt habe. Sie wollten doch drucken, was ich hätte sagen sollen!"

PS. Meinen Chef von der Liste der Empfänger für Freiexemplare streichen.